Camron Träumer

Die Begegnung mit deiner Sinnlichkeit

DIE
BEGEGNUNG
MIT DEINER

Sinnlichkeit

C A M R O N   T R Ä U M E R

Impressum

1. Auflage 2021
Copyright © 2021 Camron Träumer
Dovestr. 4, Nürnberg
Camron20001@web.de

Umschlaggestaltung: Constanze Kramer
www.coverboutique.de

Bildnachweise: © Fotolia;
©Klavdiya Krinichnaya, ©eugenepartyzan,
©tomertu – stock.adobe.com;
©tomert – depositphotos.com

Korrektorat und Lektorat: Simone Steger, Nürnberg

Satz: Constanze Kramer, www.coverboutique.de

Herstellung und Verlag:
BoD – Books on Demand, Norderstedt
ISBN 978-3-75343-898-6

Inhalt

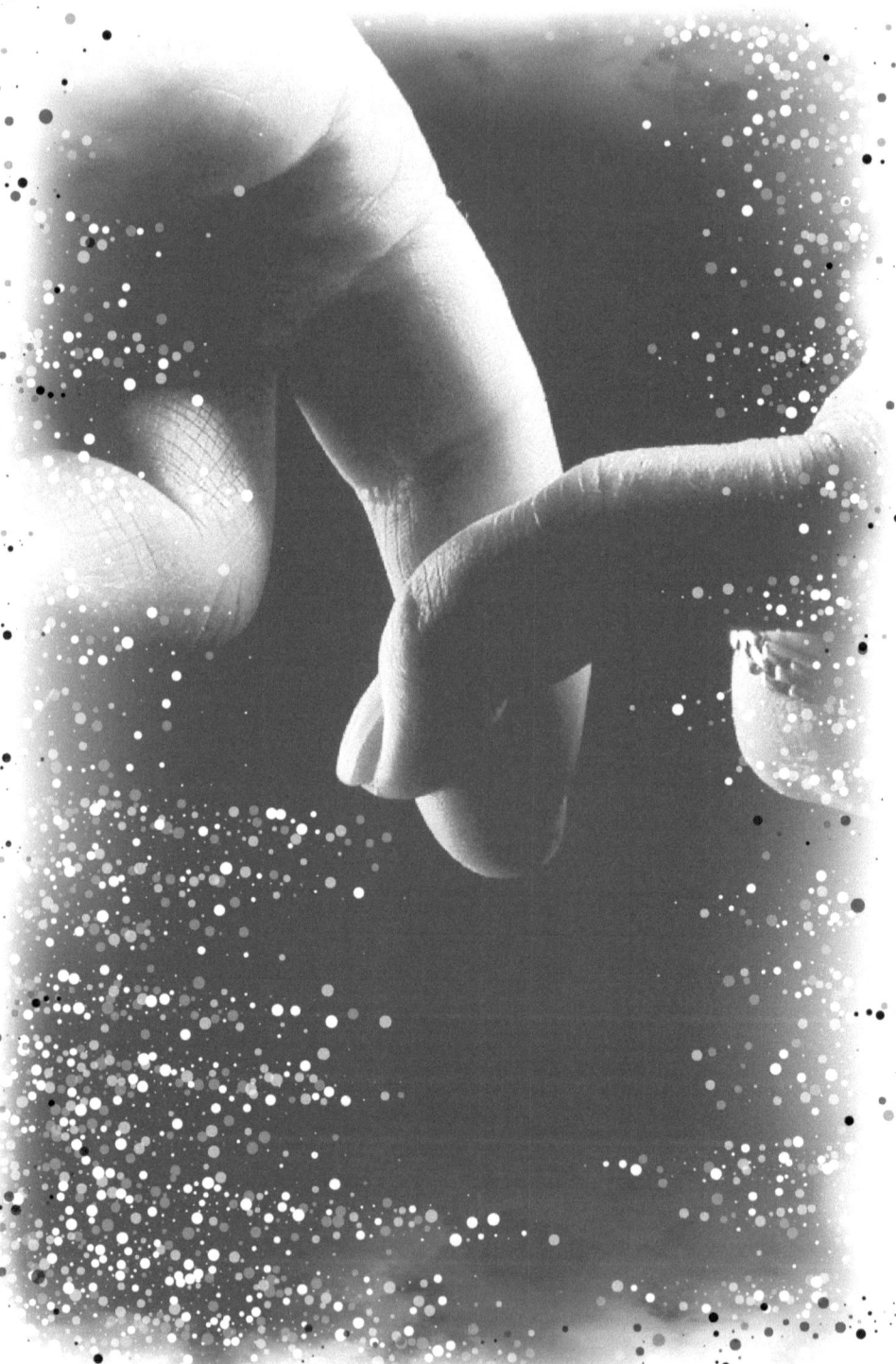

Die Zeit zurückdrehen

Wenn ich doch die Zeit zurückdrehen könnte,
bis zu dem Tag, an dem wir uns begegnet sind.
Dann würde ich diesen Fehler nicht noch einmal machen
und Dir endlich sagen können, was ich von Dir halte.

Es war eine verlorene Zeit, voller Schmerz …
Würde ich Dich ohne Worte vergessen können?
Ich weiß, es gibt viele Menschen,
denen es auch so ergangen ist.

Wieso hörte ich nicht auf mein Gefühl?
Ich hätte es zu verhindern wissen müssen.
Die Herausforderung, Dich zu akzeptieren,
machte mich zum Pausenkasper.

Doch warum ich?
Wenn ich doch noch einmal die Zeit zurückdrehen könnte,
würde ich es tun.
Dabei hast Du eine Freundschaft und mich verloren.

Ausbrechen

Du sagtest, dass Du weg willst von allem.
Alles vergessen, hinter Dir lassen,
Dich neu finden
ohne, dass jemand Dir zeigt, was zu tun ist.

Ich habe es verstanden, doch liebe ich Dich.
Wenn Du diese Brücke abbrechen willst,
frage ich mich: »Warum?«
Keine Ahnung, wieso Du das jetzt machst.

Mein Herz brennt vor Sehnsucht.
Du willst weg, eine Reise beginnen,
von der Du nicht weißt, wie sie ausgeht.
Zwischen uns werden viele Fragen offen bleiben.

Dein Name
an der Tür

Wer bist Du,
dass du mir die Frage stellst,
was ich hier suchen würde,
wenn es doch nur um Dich geht.

Da hast Du vergessen,
dass es mich auch noch gibt,
in Deiner kleinen Welt.
Doch verlierst Du meine Seele in Dir.

Wie kannst Du das alles nur vergessen?
Ich habe Dir viel versprochen,
doch Deine Liebe war nicht stark genug,
um mich zu halten.

Ich werde nie verstehen, was Du willst.
Ich gebe Dir doch alles, was Du willst.
Mein Herz hat Dich gefangen,
doch meine Träume sind nicht echt.

Ich stehe jeden Tag vor der Türe,
hinter der Du wohnst.
Erinnere mich an die Zeit,
in der wir lachten,
Späße machten und immer wussten,
wo wir hingehörten.

Doch irgendetwas hat uns getrennt,
zerstört, durcheinander gebracht.
Die Liebe, die wir mal kannten,
gibt es nicht mehr.
»Ich kann nicht mehr!«,
das waren Deine Worte,
bevor Du mich ausgesperrt hast.

Es fühlt sich an, als würde eine Welt zusammenbrechen
und nur einer überlebt diese Katastrophe.
Ich frage mich, wie es Dir geht.
Seit Jahren frage ich mich das,
weil Dein Name nicht mehr an der Türe steht.

Bist Du wieder vergeben?
Ich möchte daran nicht denken,
verliere sonst meine Gefühle für diese Welt.
Wir wollten immer Kinder,
doch Du warst nicht überzeugt davon,
dass ich es schaffe,
eine Familie zu verstehen.

Mit Dir
alles vergessen

Wenn ich Dir in die Augen schaue,
möchte ich alles vergessen.
Möchte Deine roten Lippen küssen,
Dein Haar riechen,
will Dich umarmen und Dir ins Ohr sagen:
»Ich liebe Dich.«

Ach – ich möchte Dich nicht verlieren,
auch wenn es zur Zeit nicht einfach ist.
Wir schaffen es!
Wir geben nicht auf.
So lange Du bei mir bist,
wird alles wie im Traum sein.

Deine Nähe ist wie ein Zauber,
der nie verloren geht
und mich immer wachrüttelt.

Wenn ich Dir in die Augen schaue,
dann sehe ich die Hoffnung,
die mich alles vergessen lässt.

Der Augenblick
in dieser Nacht

Meine Träume möchte ich nicht verraten,
auch nicht vergessen.
Mit den Sternen möchte ich jetzt tanzen
und dabei mache ich die Augen zu –
lass meine Fantasie spielen,
wie es Dir gefallen wird.

Der Geschmack Deiner Küsse

Weich sind Deine Lippen,
die Wärme Deines Körpers
macht mein Fleisch schwach.
Ich streiche Dir durch das Haar
was mich sehr erregt.

Das Feuer in Deinen Augen brennt vor Verlangen,
ich höre Deinen Atem schreien.
Der Hunger nach Sinnlichkeit,
nach Lust, macht uns an.
Ich versinke in Dir.
Wir verschmelzen in der Nacht der Liebe.

Der Wind

Ich wollte der Wind sein,
Dich berühren, Dich küssen ...

Doch nun muss ich zusehen, wie er Dich umarmt,
Dir meine Worte zuflüstert,
wie er Dich küsst
und Dich an sich zieht.

Du spürst seinen Atem,
er umarmt Deine Liebe,
die von Leidenschaft und Zärtlichkeit umgeben ist.

Ich schicke Dir einen Hauch von Liebe.
Doch Du bist in Gedanken nur bei Ihm.
Dabei verlierst Du Deine Sinne.

Der Zauber
einer Leidenschaft

Du bist mir fremd.
Du hast etwas an Dir,
das ich nicht vergessen kann.
Küss mich und sei endlich still ...

Ich will Dich ganz nah spüren
ohne viele Worte zu verlieren.
Wer weiß,
ob wir uns wieder sehen?

Die Herzen
der Liebe

Manchmal möchte ich Dich vergessen.
Vergessen, dass es Dich jemals gegeben hat.
Heißblütig ist Deine Leidenschaft gewesen.

Wenn ich Dich gebraucht habe,
warst Du bei mir.
Wenn die Erinnerung kommt,
kommt auch die Verzweiflung.

Eine Liebe

Eine Liebe, die zwei Herzen zusammengeführt hat –
nicht wissend, was das Leben noch bringen wird.

Wenn zwei Herzen im siebten Himmel schweben,
sich ohne Worte verstehen und alles vergessen,
sodass sie in Selbstmitleid verfallen sind,
wenn sie unangenehme Gefühlsregungen verspüren,
dann ist es eine bemerkenswerte Liebe.

Gefühle, die berühren

So fühle ich mich:
kein Anfang, kein Ende. Nur ein Durcheinander.

Das verwirrt mich.
Keine Worte.
Nur das Leere –
das bringt mich zur Verzweiflung.

Was bleibt, sind Tränen,
die mich schmerzen und traurig machen.

Herzen

Was einmal begonnen hat
wenn sich zwei Herzen
mit tausenden Sterne umgeben,
sich wie in einem Wunderland fühlen,
ganz fest zusammen halten –
dann ist es tausendmal schöner,
als alles andere auf der Welt.

Kein Wiederkehren von einer Trennung

Die Wahrheit ist begraben in der Nacht:
Die große Liebe, die wir uns versprochen hatten –
dass man nicht verstehen kann,
was es bedeutet, verliebt zu sein,
in jemanden, der nichts wissen will.

Ist mein Herz jetzt befleckt und gefangen?
Lebe ich in einer Illusion und
mache mich dabei zum Hampelmann?
Dann ist es unser Schicksal
und wir lassen es, für immer.

Liebe ist Freundschaft

So sehe ich das jetzt,
es hat mich verletzt.
Die Liebe im Herzen ist so viel Freundschaft.
Ich konnte Dich nicht halten
und Du verlierst Dich kurz vor dem Ziel.

Mit dem Kopf durch die Wand wollten wir –
ungeduldig, wie wir immer sind,
konnte es nicht warten.
Es war unser beider Schuld.

Schnell
laufe ich raus

Die Küsse,
die sich sanft auf meinem Gesicht niederlassen,
fühlen sich an,
als würdest Du mit Deiner Hand
mich zärtlich streicheln.

Es zerbricht mir das Herz
vor Sehnsucht nach Dir.

Sehnsucht

Sehnsucht macht vergesslich,
Traurigkeit macht nachdenklich.
Wer träumen kann,
wird nie die Fassung verlieren.

Warte doch!
Ich hoffe, Dein Herz sagt tausendmal:
»Melde Dich!«

Wie ein Felsen,
so stark willst Du sein.
Das Gefühl
wirst Du nie brechen können.

Glaube mir, alles hatte einen Sinn.
Doch pass auf,
dass es nie zu spät ist.

Vergesse nicht:
Sehnsucht macht nachdenklich,
kannst Du rechtzeitig gehen?

Seifenblase

Es gibt keine Leere,
wenn man über die Wolken schauen kann.
Darum schicke ich Dir mein Herz
mit viel Liebe verpackt.
Ich weiß, es ist nie zu spät,
Dir die Liebe zu zeigen.

Auch wenn Du nicht weißt, was Liebe heißt,
ist mein Herz zu Dir unterwegs.
Vielleicht denkst Du darüber nach?
Ich war verliebt und zu unerfahren,
darum schreibe ich Dir diese Zeilen,
damit Du mich nicht vergisst.

Wenn Du an den Kuss denkst,
der nicht einfach war für Dich unter einem Regenbogen,
es wäre eine Lüge, dass es nicht so war.
Was weißt Du vom Leben?

Du erinnerst mich immer noch an die Zeit,
in der ich Dir einen Ring schenkte.
Doch dies ist schon lange vorbei,
Du bist wie ein Feuer gewesen,
ich hatte mit Dir immer gewonnen.

Jetzt ist es still geworden,
in der Nacht ohne Dich.

Tanze für mich

Tanze für mich – ich liebe es.
Du bist so schön wie die Leidenschaft.

Wenn ich Dich so anschaue,
dann glaube ich, dass ich träume.
Will neu geboren sein – für Dich.

Dein Anblick macht mich süchtig
und verzaubert mein Herz.

Tausende von Stunden

Tausende von Stunden mit Dir reden,
die Worte hören, die Du flüsterst.

Dein Lächeln,
zusammen streiten und
sich wieder versöhnen.

Doch das wird nie mehr in Erfüllung gehen.
Und wenn ich an Dich denke,
füllen sich meine Augen
mit tausenden von Tränen.

Traurigkeit
macht nachdenklich.

Sehnsucht
macht vergesslich.

Dein Herz sagt tausendmal
was ich wohl ohne Dich
alles versäume.
Ich stelle mir oft diese Fragen.

Verderben

Was hast Du vor?
Willst Du mich mit Deinem
reizvollen Körper verführen?
Warum machst Du so etwas?

Es ist nicht der Zeitpunkt,
um die Beherrschung zu verlieren.
Deine Stimme flüstert mir leise,
ich solle meine maßlosen Träume
und Fantasien ausleben ...

Findest Du das gut?

Verlust

Wenn Du uns mit deinen braunen Augen anschautest,
ein Streicheln über Deinen Kopf,
das hattest Du gerne.
Nun vermissen wir Dich,
Du fehlst uns sehr.

Jede Ecke ist eine Erinnerung im Raum,
die Stille bringt uns zum Nachdenken.

Es wird keinen Ersatz geben,
der Deinen Platz einnehmen wird.
Dein Bettchen, in dem Du immer lagst,
ist nun leer.
Dein Stuhl, auf dem Du gerne warst,
bleibt ein Gedanke.

Ein Augenblick der Sehnsucht –
Kommst Du wieder?
Es ist Vergangenheit.
Dein Kuscheln, Deine Treue,
das soll nie verloren gehen.

Du bist die Prinzessin in unserer Familie.
Deine Schmerzen, wir erkannten sie nicht,
wie auch?
Deine Freude übertrifft alles,
doch merkten wir Nichts.

Unsere letzten Worte an dich:

»Wir lieben dich.«

Verschüttete Pläne

Unsere Pläne, was wir alles machen wollten –
alles ist verschüttet mit verlorenen Gedanken.
Deine Stadt, in der Du wohnst,
wollte ich Dir zu Füßen legen,
sie sollte nur Dir gehören.

In meinem Herzen bist Du die Prinzessin.
Doch so verschieden war die Welt zwischen uns –
nicht mal die Tränen auf dem Papier würden trocknen …
In Wirklichkeit ist es Dir egal.

Verstreut

Am Himmel funkeln tausende Sterne.
Ich flüstere dir ins Ohr,
lege dabei eine CD mit Lovesongs ein
und kuschle mich in die Wörter, die ich Dir schreibe.

Ich schließe die Augen.
Wieder träume ich von Dir und Deinen Worten,
doch bist Du nicht da.

Viele Worte

Viele Worte, kein Verständnis.
Auf was wartest Du?
Wenn Du wieder fortgehst,
dann nimm mich mit auf Deine Reise!
Will auch die Welt sehen, so wie Du.

Nimm mich mit ins Ungewisse,
dann bin ich bei Dir.
Viele Worte,
doch kein Verständnis.

Vielleicht

Ist das ein Wunder?
Man kann Nichts dagegen tun,
da man ganz nah am Ziel ist,
zu dem Du aufgebrochen bist.

Es ist mehr als ein Augenblick:
Das schöne Gefühl, Dich überall zu spüren,
umschlungen zu sein, ohne Worte.
Meinen Hunger nach Zärtlichkeit stillen,
den Hauch Deiner Leidenschaft
nicht verstummen zu lassen.
Ich liebe Dich!

Mich in Deinen Gedanken zu verirren,
das ist mehr als ein Augenblick.
Vielleicht mehr als ein Wunder – warte auf mich!

Virtuelle Welt

Ich verstehe mich nicht,
bin schon so lange dabei.
Es fühlt sich an wie ein leeres Buch
und doch passiert es, dass man sich verliebt
auch wenn man sich nicht kennt.

Man hat eine andere Vorstellung
wie derjenige vielleicht sein soll,
doch es stellt sich heraus,
dass alles anders ist.

Die Realität holt einen schnell ein,
man lernt immer dazu:
Vertrauen, Lügen und Verarschung –
man kann es leider nicht ändern.

Voller Gedanken

Im Moment ist mein Kopf wieder einmal voll mit Gedanken,
die ich eigentlich zu Papier bringen möchte.
Leider ist das verdammt schwierig, denn,
ich muss mir auch die Zeit für Dich regelrecht stehlen.

Aber ich mache es sehr gerne,
denn es ist ja etwas, was ich für Dich mache.
Gestern wollte ich mich löschen aus Deinem Leben.

Doch werde ich ein paar meiner Gedanken und Träume schreiben.
Da sich ja im Moment eh alles um Dich dreht,
wird es eine Seite für Dich in meinem Buch geben,
mit einem Herz, das ich für Dich gemalt habe.

Vor dem Café

Ich stehe vor dem Café,
an dem wir uns treffen wollten.
Dachte, Du wärst alleine …
Wer ist der Mann an Deiner Seite?
Er hält Deine Hand und streichelt sie.

Es tut weh.
Ich frage mich,
ob das alles nur ein Traum ist.
Ich habe Blumen dabei,
rote Rosen, die Du immer so gerne hast.

Nun kann ich sie verschenken,
mit meinen Tränen darauf.

Wieso tust Du mir das an?
Wenn ich jetzt an Dich denke
und alles auf der Welt vergesse könnte –
dann wird mein Herz, wie ein Felsen,
so hart und innen doch weich.

Ich liebe dich.
Doch ich kann es Dir nicht sagen.

Wann hört es auf?

Wenn ich diese Augen anschaue,
dann kann ich nicht anders –
bitte nicht böse sein.

Wir alle sind ein wenig verletzlich.
Träume, die wir haben,
werden vielleicht wahr.
Wenn das nicht passiert wäre ...
Dann würde uns die Welt gehören.

Es gibt böse Menschen, die Dir etwas antun,
meine Tränen können Dir nicht helfen,
aber meine Gedanken sind bei Dir.

Wenn Du jetzt hier wärst

Was wäre, wenn Du jetzt hier wärst?
Ich höre Dein Flüstern:
»Was machen wir? Es ist Wochenende ...«
Es klingelt, das Telefon –
vielleicht bist Du es?

Ich schreibe und träume von Dir.
Meine Finger streicheln deine Lippen,
fühlen Dein Haar.
Dein Parfüm ist traumhaft,
der Duft ist überall,
ich genieße es.

Aber ich habe heute keine Zeit für Dich,
es wird ein unerfülltes Wochenende bleiben ...
Ohne Dich.

Wer bist Du?

Die Wahrheit will man verstehen.
Verstecke Dich nicht,
Du kennst mich doch.

Schreibe nicht über Dinge,
die Du besser lassen solltest,
da sie vielleicht ein Geheimnis sind.

Willst Du mich täuschen?
Es ist doch Deine Unerfahrenheit,
das Spiel herumzudrehen.

Wer bist Du? Wirklich?

Zeige Dich doch

Warum versteckst Du Dich?
Ich versuche, an Dich heran zu kommen.
Irgendwie.

Was ist denn los?
Bin ich so verdammt nahe bei Dir,
dass Du keine Liebe empfindest?
Mein Herz schlägt,
wenn ich Dein Bild sehe.

Wann hört es endlich auf?
Deine Lippen und Küsse zu spüren,
obwohl Du gar nicht da bist.

Wann hört es auf?
Die Stimme in mir zu hören,
die nicht meine ist.

Der Zwiespalt macht mich verrückt,
einsam und krank.
Kann man so verliebt sein im Leben,
dass man Illusionen bekommt?

Zeige Dich doch,
damit ich Ruhe in mir finde.

Zukunft

Die Zeit, in der wir uns nahe gestanden sind,
ist wie eine Zukunft, die keine Lenkung hat.
Eine Fahrt, die ungewiss ist,
wie das Kribbeln,
das ich in jeder Nacht habe,
als würdest Du bei mir sein.

Wo sind Deine Grenzen?
Kannst Du mir das sagen?
Warum soll ich springen,
wenn Du nicht da bist?

Deine Liebe gehört nicht mir.
Ist es nicht eine Dummheit gewesen?
Irgendwann sind wir alle verloren.

Doch es war so, als würde es gestern gewesen sein –
das Gefühl, mit Dir eine Zeitreise zu machen.

Zwei Seiten der Liebe

Ich weiß nicht, wer Du bist –
eine Idee, eine Illusion?
Es fällt mir schwer,
nicht zu träumen von Dir.

Deine Tränen – wenn sie fallen,
fange ich sie auf,
küsse sie leidenschaftlich,
dabei rieche ich Deinen Duft,
der sich überall im Raum verteilt
als wolltest Du es.

Immerzu das Strahlen in Deinen Augen,
und doch bleibt ein Schmerz sichtbar für mich.

Schönheit

Was einen verzaubern lässt?
Deine Augen, die ich Dir verbunden habe,
die mega süß sind.
Wird es nur ein Flirt bleiben?

Im Mondschein der Träume:
der Hunger nach Sehnsucht.
Es ist wie ein Gefühl.
Ohne ein Wort zu verlieren,
spüre ich Deine Leidenschaft.

Nun ist wieder ein Jahr vorbei

Was hat es zu bedeuten, dass man nicht vergisst?
Die schöne Zeit mit Dir –
und doch ist sie Vergangenheit.
Keine Träne kann sie zurückbringen oder auffangen.

Keiner weiß genau, was passiert wäre,
wenn man es anders versucht hätte.
Die Zeit mit Dir …
Nun ist wieder ein Jahr vorbei.

Na, Du kleiner Held

Na, Du kleiner Held –
lach doch mal, ganz laut,
dass dich jeder hören kann!

Du bist der Sonnenschein,
auch im Winter, wenn es schneit.
Die Gedanken sind immer bei Dir,
einen Tag ohne Dich wird es nie geben.

Dein kleines Herz,
das so groß ist wie die ganze Welt.
Deine Augen, die so funkeln nach etwas,
das du nicht in Worten ausdrücken kannst
und doch kann man viel daraus lesen.
Wenn man dich ansieht.

Na, Du kleiner Held –
lach doch mal,
dass dich jeder hören kann.

Die Zauberflöte

Ich höre sie in Gedanken –
eine Melodie zum Träumen.
Es ist, als würdest Du mich streicheln.
Es versetzt mich in die Zeit, als Du noch da warst.
Alles scheint wie immer.

Es ist bestimmt lange her, aber mir kommt es vor,
als wäre es gestern gewesen.
Es ist zum Verrücktwerden, aber zugleich schön.
Ist es Dein Geist, der zu mir spricht?

Ich weiß es nicht.

Die Zauberflöte – ein Gedanke, der mich beruhigt.
Ich lausche den Tönen,
mache dabei die Augen zu.
Nicht das zu bekommen, was man sich wünscht,
sondern –
einen Zauber, der einem die Luft zum Atmen wiedergibt.

Manchmal ...

Ich könnte manchmal wortlos gehen,
Dich zurücklassen,
doch vergessen ist besser als zu sagen:
»Ich liebe Dich, Dein Spiel habe ich durchschaut!«
Es hat mich aus dem Gleichgewicht geworfen,
weil ich Dir blind vertraut habe.

Sag doch: »Was fühlst Du dabei?«
Dabei, dass ich manchmal Leidenschaft spürte,
die nie eine war für Dich.
Wie kann das sein?

Du hast alles verbockt,
hast losgelassen, was nun vergessen ist.
Dir war meine Liebe zu wenig, zu einfach.
Ich wollte Dir gehören,
wollte Deinen Zauber spüren ...
Irgendwann gibt man auf,
und verirrt sich im Tränenmeer.

Zu früh

Keiner wird es verstehen,
warum manche zu früh gehen müssen.
Nichts kann uns davor schützen,
jemanden zu verlieren und doch irritiert es uns.

Erst wenn der geliebte Mensch
nicht mehr unter uns ist,
wird uns bewusst, was fehlt ...
Wenn die Seele sich frei macht vom Schmerz
und sich verabschiedet von dieser Welt.

Dann wird uns Lebenden erst bewusst,
dass es ein unendlicher Verlust ist.
Die Worte, die einem fehlen und
das Nachdenken darüber, wie Du immer warst,
werden uns in Erinnerung bleiben.

Dein Lebensweg ist jetzt ein anderer,
wir werden uns irgendwann wieder sehen.

Wenn ich
gewusst hätte

Es gibt keine Lösung – ich habe alles versucht,
doch Dein Fluch wurde bei jedem Atemzug schlimmer.
Ehrlichkeit versteckte sich im Raum,
ich kam mir vor, als würde ich schuldig sein.

Keine Berührungen, kein zartes Lachen,
ich war aufgewühlt und es war schwer,
wie ein Albtraum.
Feuer brannte in mir und ich weiß nicht, warum.

Das alles werde ich nicht vermissen,
da es in mir sehr weh tut.

Begegnung

Zärtlichkeiten sind ein schönes Gefühl.
Hoffnung, Träume – all das kann wie ein Paradies sein.
Doch jeder weiß:
Kummer und Einsamkeit sind ein zersplitterndes Glas.
Für immer.

Schwärmerei von Liebe, den Klang von Poesie zu hören –
das kann ein Gedicht von Sehnsucht und Versöhnung sein.

Dein neues Glück

Oh nein,
tut das weh!
Muss ich das mit ansehen?
Ich wollte der Engel sein,
Dich berühren,
Deine Reize mit Liebe erspüren.

Lass es regnen!
Ein Sturm soll aufziehen,
er soll Dein neues Glück zerstören!
Doch dann tue ich Dir weh ...
Ich will Dich verletzen,
so, wie Du es bei mir getan hast.

Du bist so schön wie der Sonnenschein
und lügst wie eine Hexe.
Jetzt gehörst Du ihm,
es ist, als würde ich keine Sonne mehr sehen.

Ich wollte doch Dein Engel sein!

Du bist eine besondere Frau

Ich kenne viele hübsche Frauen,
manche sind einfach zum Verlieben.
Nun ist es vorbei, weil Du da bist.

Alle Probleme sind weg, seitdem ich Dich kenne.
Bin nicht mehr planlos wie immer –
weiß endlich, wie das Leben funktioniert.
Du gibst mir Kraft und zeigst mir,
was für eine klasse Frau Du bist.

Wollte mich in ein tiefes Loch stürzen,
das ich nie verstehen werde.
Aber die Kraft Deiner Liebe hat mich vor einer Endstation
bewahrt.
Dafür liebe und begehre ich Dich noch mehr als zuvor.

Du bist für mich

Du bist für mich wie ein schöner Traum.
Meine Arme umschlingen Deinen Körper.
Du bist für mich die Leidenschaft –
meine Hände wandern ruhelos hin und her.

Mir wird es warm, es kribbelt,
ich küsse zärtlich Deinen Bauch,
Dein ganzer Körper bebt,
wie der Sturm, der gerade vorbei zieht.

Ich höre Dich leise stöhnen,
möchte immer das Feuer spüren.
Bis zum Höchstgenuss
möchte ich es mit Dir erleben.

Du hast mir den Kopf verdreht

Heute fühle ich mich für mein Alter schuldig.
Denn es braucht Illusionen, um Dich zu erobern.
Du bist jung – ohne Worte.
Die Bilder entstehen im Kopf, die Gefühle im Herzen
und doch steckt tief in mir die Kontrolle,
die unbeschwert von Ort zu Ort wandert.

Es kann sein, dass Du nicht mehr auf mich warten musst.
»Nicht traurig sein!«
Aber um es abzurunden: Es geht nicht,
da wir verschieden sind.

Ein Raum voll mit Geheimnissen

Pure Angst, die einem die Gedanken durcheinander bringen kann.
Du kannst in den Raum schreien,
doch wirst Du nichts hören oder sehen.
Es wird auch nichts passieren:
kein Licht am Ende,
keine Spur von Liebe.
Der Augenblick hält alles fest und gibt Dir das Gefühl,
dass alles still steht.

Es ist Nacht

Mein Herz kann nicht schlafen,
da es immer an Dich denken muss.
Wenn Du Deinen Kopf auf meine Brust gelegt hattest,
war es wie in einer anderen Welt.

Ein kleiner Stern, der zum Fenster herein schaut,
zeigt mir, dass alles in Ordnung ist.
Doch Deine leere Seite neben mir
sagt etwas ganz anderes.

Ich weiß nicht, wie es weiter gehen soll.
Es macht mir Angst, da es immer einen Morgen gibt
mit denselben Bildern von der Nacht.

Frühlingszeit

Nun kommt die wunderbare Frühlingszeit –
der Blick zum Fenster,
das Farbenspiel der Blumen
und das von den Bäumen.

Mit feinem Duft zugedeckt,
wenn es blüht, ganz versteckt.

Meine Augen – sie werden funkeln,
diesen Traum mit Dir zu erleben.
Für den Moment möchte ich die Zeit anhalten.
Alle Gedanken auszuschalten –
kann es denn etwas Schöneres geben auf der Welt?

Fühle mich reich

Deine jungen Hände, die mich überall umfassen,
das Glitzern in Deinen Augen, macht mich gedankenlos.
Nichts kann mich abhalten,
der freie Lauf ist Deine Lust,
ist unantastbar, sehr intensiv und tief.
Wir beide sind die Ewigkeit,
vollkommen und reich in der Liebe.

Ich bin jemand

Ich bin jemand,
der mit Worten vorsichtig umgeht,
ich sage sie nicht sehr oft:
»Nicht alles ist Liebe.«

Niemand hält uns auf,
die Wahrheit zu verstehen.
Wie die Liebe nun mal ist –
ob sie Freude oder nur Tränen anrichtet –
muss jeder selbst erfahren.
Doch die Hoffnung gibt uns die Kraft,
um weiter zu machen.

Auch wenn wir auf Wolken schweben,
vorbei an vielen Sternen ziehen,
bleibst Du mein einziger Stern:
»Ich liebe dich!«

Es sind verzaubernde Worte, die jeder mag,
machen wir uns doch Nichts vor.
Gefühle, die uns zum Träumen bringen.
Aber die Zeit verschmilzt mit dem Augenblick,
in dem wir einfach nur blauäugig sind.

Ich finde Dich verdammt schön

Ich finde Dich verdammt schön
und Deine Augen – sie verzaubern mich.
Du bist eine Fee der Nacht.
Wenn der Mond sich zeigte, wurdest Du wach
und warst eine Zeit lang unterwegs.

Deine Liebe war groß,
das ist das schönste Gefühl,
das Du mir je gegeben hast.

Ich habe Dich gesehen

Ich frage mich:
War ich blind, dass ich es nicht sah?
Bin ich ein Träumer,
der die tiefste Dunkelheit nicht sehen kann?

Es ist doch nicht alles farblos,
aber Deine Wünsche kann ich nicht erfüllen.
Du bist mir fremd geworden –
mit jeder Stufe, die ich nach oben gehe, verliere ich Dich.
Das Schweigen, die Stille sitzen tief in mir,
ohne, dass ich fassen kann, was hier passiert.

Ich halte Dich

Ich halte Dich in meinen Händen fest.
Ich gebe Dich nicht mehr her.
Ich kann es kaum fassen –
bin gefangen in Deinen Augen,
die funkeln wie Sterne am Himmel.

Du gehörst mir, dass weiß ich jetzt,
wie Deine Liebe,
die mein Herz berührt hat.

Immer die Liebe

Jede Sekunde verliebt sich jemand.
Doch so ist es nicht.
Das ist ein falsches Bild:
Geborgenheit, Nähe und dass man zusammen ist –
das macht erst ein komplettes Bild der Liebe.

Ist das nicht schön?

Doch was ist,
wenn die Bienen von der Erde verschwunden sein werden –
wie lange hat der Mensch dann noch zu leben?
Erlaube mir, einen Gedanken zu äußern:

Eine Blume, die gerne auf Besuch wartet,
die ganz laut ruft: »Hier bin ich!«
Eine Biene, die munter durch die Luft fliegt,
erfreut sich an dem Blütenduft.
Sie erblickt die Blütenpracht mit voller Lust,
dreht sich fleißig hin und her, die Kleine,
ist voll mit köstlichem Blütenstaub.

Nun darf sie keine Zeit verlieren,
fliegt heim zurück ins Bienenhaus,
wo alle schon sehnsüchtig warten.

Ist das nicht schön?
Wir werden uns immer fragen:
Was wäre, wenn?

Licht in Deinem Zimmer

Es brennt noch Licht in Deinem Zimmer.
Ich werfe einen kleinen Stein an Dein Fenster.
Du hast mich gefesselt mit Deinem Körper.
Ich versuche, Dich zu sehen,
doch irgendetwas stimmt hier nicht.

Ich werfe einen zweiten Stein an Dein Fenster.
Du hast mir meinen Kopf verdreht.
Es kribbelt überall in mir vor Freude.
Mein Warten wird sich lohnen,
da Du meine neue Liebe bist.

Interessant – mir bleibt der Atem stehen.
Was macht der Mann an Deinem Fenster?
Das wusste ich nicht ...
Es wäre so schön gewesen, einmal Glück zu haben,
doch wieder nur Enttäuschung.

Mein Blick senkt sich.
Meine Gedanken spielen verrückt,
ich muss sie wieder neu ordnen.

Meine Augen lieben Dein Gesicht

Meine Augen lieben Dein Gesicht,
Deinen Duft, der mich anmacht,
Deinen Mund, den ich küsse.

Ich spüre Deine warmen Lippen.
Du möchtest schreien.
Deine sanften Reize,
die Lust nach mehr
macht dich macht- und schwerelos.

Scheißegal

Die Verräter, die hinter dem Rücken reden,
kann man vergessen.
Jeder hat sein Schicksal zu tragen.
Es gibt Dinge im Leben, die wichtiger sind –
ob im Büro oder wo man sich sonst gerade befindet –
Was soll das?

Fühlt man sich nicht schon so beschissen?
Muss man dann noch gemobbt werden,
von Menschen, die nichts anderes kennen oder können.

Oder sind das nur Eintagsfliegen?
Wird man zum Opfer,
obwohl man es nicht möchte?

Schmerz

Wenn ich gewusst hätte,
wie schwer es ist, loszulassen!
Dass so etwas passieren kann!
Dein Weg ist im Himmelreich …

Und ich? Mich hast Du hier gelassen.
Du fehlst mir:
Dein Lachen, Deine Stimme,
wonach ich mich sehne,
ich kann es nur in meinen Träumen Dir geben.

Deine letzten Worte waren:
»Ich warte auf Dich. Ich liebe Dich.«

Täuschung

Die Kerzen sind schon ausgegangen,
ich bin ein wenig durcheinander.
Du bist nicht gekommen,
ich habe alles vorbereitet,
um Dich glücklich zu machen.
Es geht doch um uns!

Ich wollte Dir einen schönen Abend schenken.
Doch ich habe mir wieder einmal etwas vorgespielt,
mich zum Affen gemacht, wie immer.
Es zerreißt mich ohne Dich.

Es ist verrückt,
aber ich bin doof,
dass ich dies nun erfahren musste.

Tiefe Harmonie

Ich höre das leise Summen eines Liebeslieds.
Es verwirrt mich und ich suche den Weg,
um den Klang dieser Stimme zu hören.
Dieses Gefühl zu spüren, bedeutet mir viel.

Dein Mund, der immer noch diese Melodie summt,
berührt mich sanft in diesem Augenblick.
Ich versuche, es kurz festzuhalten.

Ich sehe Deine Augen,
dabei zeigst Du mir eine Träne,
die ich am liebsten küssen würde.
»Es gefällt mir«, möchte ich Dir leise zuflüstern,
»dass du nie aufhörst, mich immer zu lieben.«

Vergebliche Liebe

Dein Platz in meinem Herzen ist nur für Dich bestimmt.
Auch wenn wir uns noch nie gesehen haben,
bleibt es ein Traum, der keine Chance hat.

Deine Küsse, Deine Augen,
Dir ganz nah zu sein, Nichts zu spüren –
bedeutet für mich Hilflosigkeit.
Doch werde ich immer für Dich da sein,
wenn Du nicht mehr weiter weißt.

Unsere Wege sind verschieden,
es ist einfach nur Schicksal.
»Wir brauchen Luft zum Atmen«, hast Du gesagt.
Doch hast Du Dein Herz, Deine Gefühle verraten.

Deine Liebe, die nun einem anderen gehört,
ist wie ein Tautropfen,
der sich auf meiner Haut festgeklebt hat.

Du wirst mein Magnet für immer sein,
die zärtlichen Sekunden Deiner Schönheit bleiben mir
verborgen.
Was bleibt, ist eine endlose und verlorene Erinnerung,
voll mit Tränen.

Dein Bild

Verschickst Dein Bild, einfach so.
Ist es eine Laune von Dir?
Willst Du wieder mal etwas machen, das kribbelt?
Willst Du mir wehtun?
Hast Du Sehnsucht oder bist Du einsam?
Dann sag es doch!

Wie weit willst Du gehen?
Ist nicht schon genug passiert?
Soll man wieder Hoffnung schöpfen
und doch alles verlieren dabei?

Wer gibt Dir das Recht, so etwas zu machen?
Sich in ein Herz zu schleichen
und wieder Unruhe stiften –
mit Liebe und falschen Gefühlen.
Dein Bild kann einen verzaubern,
wenn man seine Gefühle vergisst.

Verschickst Dein Bild, einfach so …
ohne nachzudenken.